Vente du Lundi 30 Janvier 1882.

HOTEL DROUOT, SALLE N° 9.

JOLIE COLLECTION

DE

PORCELAINES ANCIENNES

DE LA

CHINE ET DU JAPON

APPARTENANT A M. X***

EXPOSITION PUBLIQUE

LE DIMANCHE 29 JANVIER 1882

De une heure à cinq heures

COMMISSAIRE-PRISEUR

Me HENRI LECHAT

6, rue Baudin

EXPERT

M. HENRI PILLET

83, rue Lafayette.

CATALOGUE

D'UNE JOLIE COLLECTION

DE

PORCELAINES ANCIENNES

DE LA CHINE ET DU JAPON

Vases; Cornets; Jardinières:

Plats; Assiettes; Tasses et Soucoupes en vieux Chine de la famille verte
et de la famille rose;

PIÈCES D'ÉCHANTILLONS

Le tout appartenant à **M. X***

DONT LA VENTE AURA LIEU

HOTEL DROUT, SALLE N° 9

Le Lundi 30 Janvier 1882

A DEUX HEURES

Par le ministère de M⁰ HENRI LECHAT, Commissaire-Priseur,

6 rue Baudin (square Montholon);

Assisté de M. HENRI PILLET, Expert, 83, rue Lafayette.

Chez lesquels se trouve le présent Catalogue

EXPOSITION PUBLIQUE: LE DIMANCHE 29 JANVIER 1882

De 1 heure à 5 heure

CONDITIONS DE LA VENTE

Elle sera faite au comptant.

Les adjudicataires payeront *cinq pour cent* en sus des enchères.

L'exposition mettant le public à même de se rendre compte de l'état des objets, il ne sera admis aucune réclamation une fois l'adjudication prononcée.

Paris. — Imprimerie Pillet et Dumoulin, 5, rue des Grands-Augustins.

DÉSIGNATION DES OBJETS

1 — Garniture de cinq vases : potiches et cornets en ancienne porcelaine de la Chine de la famille rose, à décor de fleurs, d'oiseaux et lambrequins rehaussés d'or. Belle qualité.

2 — Belle potiche en ancienne porcelaine de la Chine fond bleu, décorée d'ornements en relief bleu turquoise et blanc.

3 — Siège ou tabouret de jardin forme baril, en ancienne porcelaine de la Chine à décor de branchages, de fleurs et de dragons en émaux de la famille verte.

4 — Jardinière en ancienne porcelaine de la Chine à décor d'arabesques et de fleurs en émaux de la famille verte. Belle qualité.

5 — Cornet en ancienne porcelaine de la Chine décoré d'émaux de la famille verte et de médaillons de fleurs.

6 — Cornet en ancienne porcelaine de la Chine à déco d'émaux de la famille verte et de médaillons de fleurs et d'oiseaux en rose et vert sur fond blanc.

7 — Vase de forme hexagone en ancienne porcelaine de
Chine, décoré de paysages et d'inscriptions en émaux
de la famille verte.

8 — Deux jardinières en ancienne porcelaine du Japon
à décor en bleu, rouge et or.

9 — Deux vases forme rouleau en ancienne porcelaine de
la Chine, bleu poudré.

10 — Cornet en ancienne porcelaine de la Chine, fond
bleu poudré décoré d'ornements en or.

11 — Grand vase à quatre pans en ancienne porcelaine
de la Chine décoré d'émaux en rouge et du dragon à
cinq griffes. Epoque des Mings.

12 — Deux vases forme gargoulette en ancienne porcelaine de la Chine fond blanc et décorés d'émaux de la
famille verte.

13 — Deux chimères en ancienne porcelaine de la Chine,
famille verte.

14 — Deux autres, plus petites et même décor.

15 — Deux autres à décor semblable.

16 — Deux autres, plus petites, de même décor que les
précédentes.

17 — Chimère en ancien céladon bleu turquoise.

18 — Chimère en ancien céladon bleu turquoise supportée
par un socle violet.

19 — Magot portant une coupe, en ancienne porcelaine de
la Chine, décoré en émaux de la famille verte.

20 — Théière en forme de poisson, en ancienne porcelaine de Chine, à décor de la famille verte.

21 — Plat lobé en ancienne porcelaine de la Chine, fond
jaune nankin, décoré d'émaux de la famille verte.

22 — Boîte formant encrier en ancienne porcelaine de la
Chine, fond blanc et jaune, à décor d'émaux de la
famille verte.

23 — Petite boîte en ancienne porcelaine de la Chine
décorée d'émaux de la famille verte et du dragon à
cinq griffes.

24 — Deux cerfs en ancienne porcelaine de la Chine,
émaillés en jaune impérial.

25 — Jeu de petits plateaux dit casse-tête chinois en porcelaine de Chine, fond blanc, composé de vingt pièces
décorées de fleurs en émaux de la famille verte.

26 — Un autre, composé de douze pièces en porcelaine de
Chine fond jaune décoré en émaux de la famille verte.

27 — Petit plat carré en ancienne porcelaine de Chine
décoré d'émaux de la famille verte.

28 — Petite potiche en ancienne porcelaine de Chine, fond manganèse, décoré d'émaux de la famille verte.

29 — Groupe de deux figures en ancienne porcelaine de Chine céladon.

30 — Un autre de même porcelaine décoré d'émaux de la famille rose.

31 — Bol en porcelaine impériale (règne de Kien-Long) à fond bleu gravé et décoré de médaillons à figures et paysages, sur fond blanc.

32 — Bol en porcelaine impériale fond jaune gravé, décoré de médaillons à paysages.

33 — Bol de même porcelaine à décor d'animaux et de paysages.

34 — Tasse et sa soucoupe fond jaune impérial décorées d'émaux en vert et du dragon impérial.

35 — Boîte de même porcelaine et de même décor que le précédent.

36 — Vase de forme carrée et son socle en porcelaine de Chine, décoré de fleurs et d'ornements en émaux de la famille rose.

37 — Bouteille en ancien céladon truité, fond bleu turquoise.

38 — Bouteille de même porcelaine que la précédente.

39 — Vase en ancienne porcelaine de la Chine décoré au
centre de médaillons avec plantes et dragons et sur les
bords de fleurs en émaux de la famille verte.

40 — Deux cornets en ancien céladon à décor d'émaux en
bleu et blanc en relief.

41 — Deux grandes jardinières en ancienne porcelaine de
la Chine, fond bleu à décor en blanc.

42 — Deux potiches en ancienne porcelaine de la Chine
fond blanc, décorées de fleurs et d'oiseaux en émaux
de la famille verte.

43 — Deux potiches en ancienne porcelaine de la Chine
fond jaune nankin, décorées de fleurs et de lambrequins en émaux de la famille rose.

44 — Deux potiches en ancienne porcelaine de la Chine
fond bleu quadrillé, décorées de médaillons à personnages.

45 — Deux autres de même porcelaine que les précédentes
et décorées d'émaux de la famille verte.

46 — Deux bols en ancienne porcelaine de la Chine fond
jaune impérial, décorés de fleurs émaillées en vert et
blanc.

47 — Deux bols en ancienne porcelaine de la Chine à décor de personnages et paysages, famille verte.

48 — Un autre, même porcelaine et même décor.

49 — Bol en ancienne porcelaine de Chine, fond blanc, à décor de fleurs et arabesques. Famille verte.

50 — Un autre, même porcelaine et même décor.

51 — Bol en ancienne porcelaine du Japon à décor de fleurs et d'oiseaux en bleu et rouge.

52 — Bol en ancienne porcelaine de Corée à décor de fleurs et d'animaux en vert, rouge et or.

53 — Deux bols en ancienne porcelaine de la Chine, émaillés en vert, jaune et brun.

54 — Jardinière en ancienne porcelaine de la Chine fond blanc gravé, décorée de médaillons de paysages, famille verte.

55 — Jardinière en ancienne porcelaine de la Chine décorée de médaillons à paysage et portant des inscriptions en émaux de la famille verte.

56 — Jardinière de même porcelaine que la précédente et décorée de corbeilles de fleurs en émaux de la famille verte.

57 — Pitong en ancienne porcelaine de la Chine, fond
blanc, à décor de paysages et personnages en émaux
de la famille verte.

58 — Pitong de forme carrée en ancienne porcelaine de
Chine, décoré d'émaux de la famille rose.

59 — Pitong en ancienne porcelaine de la Chine, fond
blanc, décoré de branchages et de fleurs en émaux
de la famille verte.

60 — Pitong en ancienne porcelaine de la Chine, fond
rose, décoré d'émaux en vert, jaune et rouge.

61 — Pitong en ancienne porcelaine de la Chine, fond
jaune, à décor de dragons émaillés en vert et rouge.

62 — Petite jardinière en ancienne porcelaine de la Chine,
famille rose.

63 — Jardinière en ancienne porcelaine de la Chine, à
décor en émaux de la famille rose.

64 — Jardinière de forme carrée, en porcelaine de la
Chine, à décor de personnages et inscriptions, famille
rose.

65 — Jardinière en ancienne porcelaine de Chine, fond
jaune, décorée de dragons émaillés en vert et rose.

66 — Jardinière en ancienne porcelaine de Chine, fond
jaune impérial, à décor de dragons et de fleurs en vert,
rouge et blanc.

67 — Jardinière en ancienne porcelaine de la Chine, fond blanc, à décor de personnages, famille rose.

68 — Jardinière en ancienne porcelaine de la Chine, fond jaune, à décor de fleurs, en émaux de la famille rose.

69 — Jardinière en ancienne porcelaine de la Chine, fond blanc, décorée de feuillages et de fleurs, famille rose.

70 — Deux petites jardinières de forme hexagone en ancienne porcelaine de Chine, fond blanc à décor, l'une de coqs et de poules, et l'autre de chiens et de fleurs, famille rose.

71 — Deux petites jardinières de forme carrée en ancienne porcelaine de la Chine, décorées en émaux de la famille verte.

72 — Grand vase en forme de gourde en vieux chine, à décor de personnages et d'arabesques en bleu.

73 — Vase, forme de gargoulette, en ancienne porcelaine de la Chine, fond blanc, décoré de chimères en rouge de cuivre.

74 — Vase en forme de rouleau en ancien céladon, décoré de personnages et d'animaux en relief, en bleu et blanc.

75 — Deux petits vases en ancienne porcelaine de la Chine, vert camélia truité.

76 — Petite bouteille en ancien céladon bleu turquoise truité.

77 — Petite bouteille en ancien céladon, même fond que
la précédente.

78 — Petite bouteille en ancien céladon, bleu turquoise
truité.

79 — Petite bouteille en ancien céladon, fond noir.

80 — Petit vase, forme balustre, en ancienne porcelaine
de la Chine, famille rose.

81 — Petit vase, forme balustre, en ancienne porcelaine
de la Chine, famille rose.

82 — Petit vase, forme balustre, en ancienne porcelaine
de la Chine, fond jaune, à décor de fleurs et branchages, famille rose.

83 — Petit vase, forme balustre, en ancienne porcelaine
de Chine, fond jaune, à décor de feuillages et de fleurs,
famille rose.

84 — Petit cornet en ancienne porcelaine de Chine, famille verte.

85 — Petit cornet en ancienne porcelaine de Chine, fond
bleu poudré, rehaussé d'or.

86 — Deux petits cornets en ancienne porcelaine de la
Chine, décorés de paysages et de personnages émaillés
en vert.

87 — Théière double en ancienne porcelaine de la Chine, fond bleu foncé, rehaussée d'arabesques d'or.

88 — Théière à anse, en ancienne porcelaine de la Chine, fond bleu fouetté.

89 — Petite théière en ancienne porcelaine de la Chine, à décor de fleurettes et d'insectes en émaux de la famille rose.

90 — Petite théière à anse, en ancienne porcelaine de la Chine (époque Kien-Long), décorée en émaux de la famille rose.

91 — Petite gourde en ancienne porcelaine du Japon, fond blanc à décor d'animaux et d'arabesques en rouge, vert et jaune.

92 — Bol et son couvercle en ancienne porcelaine du Japon avec fleurs, médaillons et ornements en bleu, rouge, vert et or.

93 — Bol et son couvercle en ancienne porcelaine du Japon, fond rouge, décoré de médaillons de paysages en bleu et de fleurs en blanc, jaune et or.

94 — Grand plat en ancienne porcelaine de la Chine, fond blanc, décoré d'arbustes et de fleurs en émaux de la famille verte, dans un cadre en bois noir à filets or.

95 — Plat en porcelaine ancienne de la Chine, portant au centre un dragon au milieu d'un paysage, et au pourtour des ornements en émaux de la famille verte.

96 — Plat en ancienne porcelaine de Chine, fond blanc, décoré au centre de personnages et d'habitation, famille verte.

97 — Grand plat en ancienne porcelaine de la Chine, fond blanc, portant au centre le Dragon à 5 griffes, famille verte.

98 — Grand plat en porcelaine de la Chine, fond blanc, décoré d'arbustes de fleurs et d'oiseaux, famille verte.

99 — Grand plat en ancienne porcelaine de la Chine, fond blanc, décoré de cavaliers et de fleurs, famille rose.

100 — Grand plat creux à bords plats en porcelaine de la Chine fond blanc, décoré de personnages, de fleurs et d'arbustes en émaux de la famille rose.

101 — Petit plat à bords découpés en ancienne porcelaine de Chine fond blanc, à décor de personnages, famille rose.

102 — Petit plat en ancienne porcelaine de la Chine à décor d'arbustes, de fleurs et d'insectes, en émaux de la famille verte.

103 — Plat en ancienne porcelaine du Japon, à décor de fleurs et médaillons en bleu, rouge et or.

104 — Petite table en porcelaine de Chine, à décor de vases de fleurs et d'attributs en émaux de la famille rose.

105 — Assiette creuse en ancienne porcelaine de la Chine décorée en émaux de la famille verte.

106 — Assiette en ancienne porcelaine de la Chine, fond blanc, décorée au centre de plantes et d'oiseaux et au pourtour de médaillons d'oiseaux et de fleurs, sur fond blanc, famille rose.

107 — Assiette en ancienne porcelaine de Chine à décor de branchages et de fleurs, en émaux de la famille verte, le creux de l'assiette est orné d'un cordon et de médaillons en noir et or.

108 — Assiette en porcelaine ancienne de la Chine, à décor de fleurs et insectes, famille verte.

109 — Assiette en ancienne porcelaine de la Chine, portant au centre un sujet mythologique dessiné à l'encre de Chine, et décorée au pourtour d'arabesques d'or.

110 — Assiette en porcelaine ancienne de la Chine à décor de fleurs et ornements en bleu, rouge, vert et or.

111 — Assiette en ancienne porcelaine de la Chine portant au centre et au pourtout un décor de fleurs en émaux de la famille rose.

112 — Assiette en ancienne porcelaine de Chine, fond jaune impérial.

113 — Deux bols en émail de Chine sur cuivre, décorés d'attributs et d'ornements en bleu, noir et or.

114 —- Deux petites assiettes en émail de Chine sur cuivre portant au centre des personnages dans un paysage et au pourtour une guirlande en bleu sur vert d'eau.

115 — Petit plat à quatre compartiments, en ancienne porcelaine de Chine, décoré de fleurs sur fond jaune, vert, bleu, rouge et rehaussé d'or.

116 — Théière en porcelaine ancienne de la Chine à décor d'insectes et de fleurs, en bleu sur blanc.

117 — Petit vase en porcelaine ancienne de la Chine, fond vert gravé à décor de fleurs.

118 — Petit cornet en ancienne porcelaine de la Chine, à décor en bleu sur blanc.

119 — Pitong en ancienne porcelaine de Chine, à décor de personnages sur fond bleu.

120 — Petit vase applique en ancienne porcelaine de la Chine, fond vert à décor d'animaux en rouge.

121 — Sous ce numéro seront vendus tous les objets non catalogués.

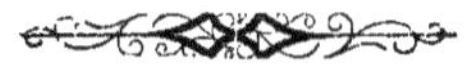

www.ingramcontent.com/pod-product-compliance
Lightning Source LLC
LaVergne TN
LVHW011024180726
843502LV00007B/2733